Martin Sandkühler (Hrsg.)

Sonnengesänge
aus den vier Winden

ROSEN-BIBLIOTHEK
Band 2

Martin Sandkühler (Hrsg.)

Sonnengesänge

aus den vier Winden

Hymnen, Gedichte, Texte und Gebete
zur Lobpreisung der Sonne

Rosen Bibliothek

ISBN 3-8251-7701-7

Erschienen 2000 in der Rosen-Bibliothek
im Verlag Urachhaus, Stuttgart

Gesamtherstellung: Clausen & Bosse, Leck

Inhalt

Die Erhabenheit der Sonne

In fünf Erhabenheiten ragt die Sonne heraus aus dem Chor der Gestirne. Die fünf sind wie die Glorie des Christus, in der er allen Menschen voransteht.

Die erste Erhabenheit ist die Hoheit ihres Ortes. Thront doch die in der Welt aufgehende Sonne in den Höhen Gottes, am Himmelsgewölbe. So auch thront der Christus in den Höhen Gottes, denn ewig ist sein Ursprung aus dem Vater. Und sein Thron ist die Säule der Wolke, denn zeitlich war die Einwohnung im Menschenleibe aus der Mutter. Sie ist die Säule, denn sie steht fest, wahrhaft im Glauben, aufgerichtet in der Geistestragekraft, eine von Verehrung durchfeuchtete Wolke. Sie trägt den Thron des Christus, den Sitz der königlichen Würde und der richterlichen Gewalt. – – –

Die zweite Erhabenheit ist die Kraft ihrer Leuchte. Denn die Sonne ist die Quelle allen Glanzes. Denn es müssen die Sterne und Planeten sich beugen dem Regenten des Tages und verblassen vor seiner Hoheit. So leuchtet der Christus den Menschen voran in seiner Gnade, im Offenbarungsglanz als der Träger des Lebens. Ist doch die Sonne die einzig Leuchtende, so erstrahlt er einzig ohne Sünde. Und wie die Sonne den Kreis der Planeten erstrahlen lässt, so ist die Gnade der Heiligen das Licht des Christus, denn er allein genügte zur Erlösung der Welt. Die Sonne musste die Welt erleuchten, denn trüben wollte der Böse den Blick der Welt. – – –

Die dritte Erhabenheit ist die Wärme ihrer Strahlen. Denn wie im Schmelzofen alles erglüht, so wird die Sonne, unser Christus, wenn sie die Herzen erleuchtet, uns selbst entflammen in heißer Liebe zu Gott. Wie die Sonne am Tag das Heu trocknet auf dem Feld, so wird die Sonne des Christus Jesus, wenn sie aufgeht im Menschen, wie eine Empfängnis und Geburt und mündet in die Glut der Liebe, trocknen das Heu der fleischlichen Begierde. Ist das Heu gemäht und getrennt von der Wurzel, muss es nicht gleich getrocknet werden? So auch der Mensch! Hat er sich erst abgewendet von der Wurzel des Bösen und lässt er sich berühren von der Wärme der Sonne, der Liebe Christi, dann wird in ihm auch ersterben die Gewohnheit zum Schlechten. – – –

Die vierte Erhabenheit sind die guten und Leben spendenden Wirkungen. Denn die Sonne ist der Ursprung alles Keimens und Sprießens. Ohne sie hätten wir nicht Bäume und Kräuter noch den ernährenden Samen. Ohne Sonne in der Seele ist dort kaum Gutes – Finsternis und das Böse gehen um. Erhebet sich die Sonne am Horizont, so fliehen die bösen Tiere und die Räuber verbergen sich, so fliehen auch die Dämonen und Sünden vom Menschen, und aufschwingen kann sich der Mensch zu guten Taten an der Welt. Lichtscheue Vögel fliegen in der Finsternis umher wie die Dämonen der Dunkelheit. Am Tage fliehen sie das Licht. Geht aber die Sonne, die Gnade Gottes im Herzen auf, so flieht das Böse an einen unbekannten Ort. Dann ändert die Seele den Sinn und erhebt sich zu größerer Gnade.

Die fünfte Erhabenheit ist die Heiterkeit des Sonnenlichtes. Kummer und Traurigkeit der Nacht weichen bei Anbruch des Tages und die aufgehende Sonne erleichtert das Herz. Wer in der Sünde lebt, an den wird sich hängen Trauer und Unsicherheit. Die Sonne im Herzen macht leichter, gesünder und sanfter. So groß ist die Klarheit der Sonne, dass alles Schöne, mit ihr verglichen, dunkel ist, ausgenommen Gott. Denn süß ist das Licht und erfreulich der Anblick der Sonne. Der Engel schenkte dem blinden Tobias die Freude wieder. Und wie herrlich empfand sie Tobias, saß er doch in der Finsternis. Um wie viel erfreulicher wird es sein, nicht nur die natürliche Sonne zu erblicken, sondern im ewigen Leben geheiligt zu sein um des Anblickes, um der Sonne willen, die da ist das Gericht unseres Herrn Christus.

Vorbemerkung zum Redentiner Osterspiel, 15. Jh. (Lit. 51)

Von der Sonne und ihren Kräften

Die erste gewaltige Arbeit der Sonne ist es, alle Länder mit Wasser zu versehen. Ihre warmen Strahlen heben es aus den Meeren, hoch in die Lüfte, wo sie es auf ihre großen Segelschiffe, die Wolken, verfrachtet und von ihren Allerweltsspediteuren, den Winden, nach Asien und Afrika und Amerika, nach dem Nordpol und Südpol hinsendet. Auch das kleine Europa erhält sein Teil. Das wird ihnen nicht mit dem Litermaß zugemessen, wie der Essig beim Kaufmann, sondern einfach aus den großen Luftsegelschiffen hinuntergeschüttet, in ungeheuren Massen. Und doch, wie vorsichtig: In lauter kleinen Kügelchen fällt es herab, sodass es kein Unheil anrichtet. Ganz allmählich sickert es in die Erde, wo es die Pflanzen mit wahrer Wonne trinken und durch die Stängel und Stämme und Zweige hinaufziehen.

Dann richten sich alle welken Blätter auf, und die kleinen Arbeiter in den Blattzellen gehen sogleich wieder an ihr Tagewerk.

Zu dem Wasser der Wolken holen sie die Kohlensäure aus der Luft, die wir und die Tiere mit jedem Atemzug ausatmen. Und wie wunderbare Dinge verfertigen sie daraus! Den Zucker der Weintrauben, Äpfel und Birnen, des Zuckerrohrs in den Tropen und der Zuckerrüben in Deutschland – das Stärkemehl und Eiweiß in unserem Brotkorn und den Kartoffeln, das Öl in den Leinsamen und Rapskörnern, in den Erdnüssen und Kokosnüssen und Walnüssen, die feinen Gespinstfasern, die zu Hemden und Handtüchern, Bindfaden und großen Segeln versponnen und verwebt werden. Aber keine Mühle oder Bäckerei oder Maschinenfabrik hat einen so mannigfaltigen Betrieb wie das kleinste Kräutlein im Felde. Denn bis aus dem Wasser und der Kohlensäure und den anderen feinen Zutaten das Stärkemehl in den Roggenkörnern, das Öl in den blauschwarzen Rapskügelchen oder gar die Pflanzenfasern in den Leinstängeln oder dem Holz eines Eichstammes bereitet und an seinen Ort transportiert sind, vergeht ein ganzer Sommer und müssen viele und geheim-

nisvolle Verwandlungen in den Stoffen vor sich gehen, sodass alle Chemiker der Welt das nicht einmal im Traume, geschweige in ihren Retorten fertigbrächten.
Zu alledem liefert die Sonne die Kräfte in ihren Wärmestrahlen und den noch viel feineren Lichtstrahlen. Darüber muss man sich verwundern, wenn man die Rechnungen unserer Gelehrten betrachtet. Erstens haben sie ausgerechnet, dass die ganze Erde von den Sonnenstrahlen nur den zweitausendsiebenhundertfünfunddreißigmillionsten Teil empfängt, denn sie gießt ja ihre Wärme- und Lichtströme nach allen Seiten in die Welt aus. Wie viel, meint ihr, ist der zweitausendsiebenhundertfünfunddreißigmillionste Teil von Deutschland? So viel wie eine Wandtafel in der Schule: zwei Quadratmeter etwa. Ein solch winziges Strahlenbündel also erhält die Erde von der Sonne. Und wie heiß kann sie doch brennen! – – –
Das hängt wieder zusammen mit der zweiten Rechnung unserer Astronomen, nämlich der Entfernung der Sonne von der Erde, die hundertachtundvierzig Millionen Kilometer beträgt. Aber das glaube ich nicht. Gehören denn die Licht- und Wärmestrahlen, die einen Stein so erhitzen können, nicht auch zur Sonne? Die reichen doch bis auf die Erde. Wie können sonst die Äpfel und das Korn reif werden, wenn die Sonne nicht bis zur Erde reichte? Man kann ihr ja den ganzen Sommer bei der Arbeit zusehen, wie sie die Rosen und Tomaten rot färbt, die Osterglocken goldgelb und die Veilchen und Glockenblumen blau. Wenn jemand eine Arbeit tut, so muss er doch da sein. Und wo sie nicht

hinkommt, die Sonne mit ihren Strahlen, zum Beispiel in einen Keller, da bleiben alle Triebe bleich und ohne Kraft.
Aber dennoch muss die Sonne auch solche Strahlen haben, die von keiner Wand und keinem Felsen aufgehalten werden. Das hat auch Goethe geahnt, als er in seiner Weimarer Wohnung die wunderbar gefärbten tropischen Schmetterlinge eingerahmt an die Wand hängte, und neben jeden Schmetterling einen Stein, genau von der gleichen Farbe. Als wollte er damit sagen: »Diesen Schmetterling hat die Sonne gefärbt, denn ohne ihre Strahlen wären auch die Schmetterlingsflügel ohne Farbe. Wer hat nun die Steine in der Erdentiefe mit ganz den gleichen herrlichen Farben versehen?«
Diese Frage hat schon manchen beschäftigt. Vor Jahren haben einmal Arbeiter in der Schweiz, die nichts von der Goethe'schen Sammlung wussten, sie an Rudolf Steiner gerichtet. Und darauf hat er ihnen folgende Antwort gegeben: »Die Sonne hat einen Tageslauf und einen Jahreslauf. Einen solchen Jahreslauf braucht sie, um die Blumen und Schmetterlinge so schön zu färben. Nun aber hat die Sonne noch einen Weltenjahreslauf. Sie rückt nämlich am Sternenhimmel jedes Jahr ein kleines Stück weiter, sodass sie zum Beispiel zu Christi Zeit am Frühlingsanfang im Sternbilde des Widders stand und heute in den Fischen. Dieses Weltenjahr, das man nach dem griechischen Weisen das platonische nennt, währt 25.920 Jahre. Nach so viel Jahren steht die Sonne am Frühlingsanfang wieder in demselben Sternbild. Und so lange braucht sie, um die Steine in der Erdentiefe zu

färben: ein ›platonisches Weltenjahr.‹« – Sie hat eben noch andere Strahlen, als man mit dem Auge sehen kann. Mit denen macht sie die allerfeinste Arbeit. – – –
Unsere Vorfahren haben es gewusst, dass die Sonne nicht ein lebloses Gespenst aus brennenden Stoffen ist, sondern ein lebendes Wesen, ein Herrscher in einem Reiche voller Kraft und Herrlichkeit. Davon steht noch heute ein seltsamer Zeuge im Teutoburger Walde. Senkrecht und hoch ragen dort aus dem Buchenwald die so genannten Externsteine. Dort haben unsere Väter vor langen, langen Zeiten eine Treppe in den Felsen gehauen, und oben auf dem Gipfel eine Kapelle, die einst von Wänden und einer Decke umschlossen war. Heute sieht man noch gegenüber einer Nische in der nach Nordosten gerichteten Wand ein rundes, kleines Fenster. – Dort hinauf stiegen in vorchristlicher Zeit Priester zu einem Gottesdienst, den sie im Angesicht der über den Buchenwipfeln aufgehenden Sonne am längsten Tage des Jahres feierten, denn so ist das runde Fensterchen in den Felsen gehauen, dass die aufgehende Sonne vor vier Jahrtausenden an diesem Tag genau in die Nische schien.
Die alten Götter waren gestorben. Den lichten Baldur hatte der Mistelzweig getötet. Thor konnte die Midgardschlange nicht bezwingen. Die alten Götter hatten nicht mehr die Kraft, den Mächten der Finsternis zu widerstehen. Die Götterdämmerung war hereingebrochen. Nur eine Hoffnung war geblieben. Einst sollte ein ganz starker Gott kommen, der die Finsternis überwin-

den und eine neue Lichtzeit heraufführen würde. Widar hatten die alten Seher ihn genannt. Und nun kamen Männer aus dem Norden und verkündeten seine Ankunft in einem fernen Sonnenlande. Da nahm – noch bevor mit Bonifacius die römischen Priester ins Land kamen – ein deutscher Künstler Hammer und Meißel, um das selbsteigen verstandene Christentum an der Wand der Externsteine abzubilden: die Kreuzabnahme durch Nikodemus und Joseph von Arimathia, darüber den Auferstandenen, das Gesicht der aufgehenden Sonne zugewendet, die aus den Schleiern der Nacht aufsteigend erst in ihrer oberen Hälfte sichtbar ist. Auf der anderen Seite des Felsens aber, am Ufer des Sees, hatten 3000 Jahre früher ferne Vorfahren jenes Künstlers ein Grab in den Felsen gehauen. Ganz in der Gestalt eines mit Tüchern umwundenen Menschen. Aus diesem Grab führten Treppen nach oben. Und wie der auferweckte Lazarus beim Heraufsteigen aus dem Grabe die geistige Sonne der Welt – den Christus – erblickte, so rief man schon in jener grauen Vorzeit den Einzuweihenden aus dem Grab, dass er in der aufsteigenden Sonne denselben Lebenerwecker im Geiste schaue.– So steht die uralte Stätte der Anbetung heute vor den Augen eines Geschlechtes von neuen Gottsuchern, wie eine aus dem Felsen tönende Predigt. Eine Predigt von dem himmelentsprossenen, zur Erde herabgestiegenen, gekreuzigten und auferstandenen Gottessohne, dessen Sonnenrune heute an den Felsen aller Erdteile gefunden wird.

Rudolf von Koschützki (Lit. 30)

ÄGYPTEN

Aus dem kleinen Hymnus an Aton

Schön erstrahlest du, lebender Aton, Herr der Ewigkeit!
Du bist glänzend, licht und stark, deine Liebe ist groß und gewaltig. Deine Strahlen werden die Augen aller deiner Geschöpfe schaffen, deine Haut ist weiß und belebt die Herzen.

Du hast die beiden Länder mit deiner Liebe gefüllt, du herrlicher Gott, der sich selbst gebaut und jedes Land geschaffen hat, der schuf, was darauf ist an Menschen, großen und kleinen Tieren, und allen Bäumen, die auf dem Boden wachsen.

Sie leben, wenn du für sie aufgegangen bist. Du bist Mutter und Vater für die, deren Augen du gebildet hast; wenn du aufgehst, sehen sie durch dich. Deine Strahlen erhellen die ganze Erde.
Jedes Herz jauchzt bei deinem Anblick, wenn du erstrahlst als ihr Herr.
Gehst du unter am westlichen Himmelshorizont, so liegen sie wie die Toten; ihre Häupter sind verhüllt, bis du aufgehst am Morgen im östlichen Himmelshorizont.
Dann sind ihre Arme in Verehrung erhoben vor deinem Ka, denn du hast die Herzen durch deine Schönheit aufs Neue belebt. – Man lebt, sobald du deine Strahlen gesendet hast.

(Lit. 39)

Schöpferkraft Sonne

Durch das Werk deiner Hand ist seine Erde geschaffen worden. Denn du bist ihr Schöpfer, die Menschen leben, wenn du leuchtest, sie sterben, wenn du deine Zeit zum Ruhen ausdehnst.
Jede Zeit in dir ist alt, und die Taten werden vor deiner Schönheit erfüllt, bis zu dem Augenblick, da du dich zur Ruhe begibst.
Jede Arbeit ist beendet, wenn du dich am Horizont des Westens zur Ruhe hinstreckst.
Nachdem du die Erde erschaffen hast, hast du sie wie ein Kind, das dein eigen Blut trägt, erzogen.

(Lit. 16)

An die Morgensonne

Preis dir, Re, der du aufgehst,
Im Himmelsocean Nut
Und die beiden Länder erhellst,
Wann du hervorkommst.
Dich preist die Neunheit, insgesamt.
Knabe, schöner, geliebter.
Bei deinem Aufgang
Beginnen die Menschen zu leben.

Zu dir jubelt die Menschheit,
Zu dir die fühlenden Seelen,
Zu dir Heliopolis Götter,
Die Paviane und alles Getier,
Zu dir, Verehrung und Lob.

Die Schlange,
Das Diadem deiner Stirn,
Schreckt deine Feinde.
Du jubelst in deinem Schiff,
Freude der Ruderer.
Die Morgenbarke nimmt dich auf.

Herr aller Götter,
Du freust dich deiner Geschöpfe,
Und deine Geschöpfe,
Sie preisen dich!
Bei dir die blaue Flut
Der Himmelskönigin.

Erleuchte mich,
Dass ich in Ferne und Nähe
Dein Licht,
Deine leuchtende Schönheit
Schaue.
(Lit. 16)

Morgenlied an den Sonnengott Horus

Du erwachst in Frieden, Gereinigter – in Frieden.
Du erwachst in Frieden, östlicher Horus – in Frieden.
Du erwachst in Frieden, östliche Seele – in Frieden.
Du erwachst in Frieden, horizontischer Horus – in Frieden.

Du schläfst in der Nachtbarke,
Du erwachst in der Tagesbarke,
Denn du bist der, der über die Götter hinwegblickt,
Kein Gott blickt über dich hinweg.
Vater des N.N., nimm ihn mit dir
Zum Leben bei deiner Mutter Nut.

Ihm werden die Tore des Himmels aufgetan,
Ihm werden die Tore des kühlen Himmelswassers aufgetan.
Wenn er zu dir kommt, damit du ihn belebst,
Dann befiehl, dass er sich (im Sonnenschiff) an deine Seite setze,
Neben den Morgenstern im Horizont.

(Lit. 39)

AUS DEM SONNENGESANG DES ECHNATON

Du erstrahlst so schön im Lichtberg des Himmels,
Du lebendige Sonne, die zuerst zu leben anfing.
Du leuchtest auf am östlichen Horizont
Und erfüllst alle Lande mit deiner Schönheit.
Du bist schön und gewaltig, glänzend
Und hoch über allen Landen.
Deine Strahlen umarmen die Länder
Bis zum letzten Ende deiner Schöpfung.
Du bist fern, und doch sind deine Strahlen auf der Erde.
Du bist im Angesicht der Menschen,
Und doch kann man deinen Weg nicht sehen.
Gehst du zur Rüste am westlichen Horizont,
So ist die Welt in Finsternis wie im Tode:
Die Schläfer sind in der Kammer, die Häupter verhüllt,
Nicht kann ein Auge das andere sehen.
Jedes Raubzeug kommt hervor aus seiner Höhle,
Und alles Schlangengewürme beißt.
Die Welt liegt in Stille, denn der sie schuf,
Ist zur Ruhe gegangen.
Im Morgengrauen aber leuchtest du wieder auf
Und glänzest aufs Neue als Sonne am Tage.
Es weicht die Finsternis,
Sobald du deine Strahlen spendest,
Die Länder sind in Festesstimmung,

Die Menschen erwachen und stellen sich auf die Füße:
Du hast sie sich erheben lassen.
Sie waschen ihren Leib, sie nehmen die Kleidung,
Ihre Hände erheben sich in Anbetung,
Weil du erschienen bist.

Die ganze Welt tut ihre Arbeit.
Alles Vieh labt sich an seinem Kraute,
Bäume und Pflanzen grünen;
Die Vögel fliegen aus ihrem Neste,
Ihre Flügel erheben sich in Anbetung für dich.
Alles Wild hüpft auf den Füßen,
Was da kreucht und fleucht,
Sie leben, da du ihnen aufgeleuchtet bist ...

Wie zahlreich sind doch deine Werke!
Sie sind verborgen vor dem Angesicht der Menschen.
Du einziger Gott, außer dem es keinen anderen gibt,
Du hast die Erde geschaffen nach deinem Sinn,
Du einzig und allein,
Mit Menschen, Herden und allem Getier.
Die Fremdvölker, Syrien und Äthiopien und das Land Ägypten.
Du hast den Himmel gemacht fern von der Erde,
Um an ihm zu erstrahlen,
Um alles, was du, einzig du, erschaffen hast, zu sehen.
Wenn du aufleuchtest in deiner Gestalt als lebendige Sonne,

Strahlend und glänzend, fern und doch so nah.
Du machst Millionen Gestalten aus dir, dem EINEN,
Städte, Dörfer, Äcker, Wege und Ströme.

(Lit. 26)

LIED AN DIE ABENDSONNE

Preis dir, Re, der du untergehst!
Preis dir, Atum, Sonne der Nacht!
Preis dir, Harachti, Sonne von Heliopolis!
Du göttlicher Gott, der sich selbst erschuf,
Urgott von Anbeginn!

Du Schöpfer der Götter,
Du wölbtest den Himmel
Zur Bahn deiner Augen:
Sonne und Mond.
Der du die Erde erschufst,
Spiegel des Glanzes,
In dem ein jeder den andern erkenne –
Wir jauchzen zu dir.

(Lit. 16)

IN BABYLON

Aus dem Gilgamesch-Epos

Dicht war die Finsternis,
Es gab keinen Schimmer von Licht.
Nicht lässt die Dunkelheit sehen,
Was vor ihm liegt und was hinter ihm liegt.
Neun doppelte Stunden hat er vollendet,
Da fühlt er den Nordwind,
Das Dunkel lässt nach, das Licht ist nahe!
Die Schlucht wird breiter, er sieht
Den ersten Schimmer der Sonne.
Zwölf Doppelstunden vollendete er,
Da wurde es helle.
Und das Licht des vollen Tages umfing ihn wieder.

Gilgamesch sagt zu ihm, zum hehren Schamasch:
»Über die Steppe bin ich gezogen
Im Elend der Einsamkeit,
Ein Stern nach dem andern ging unter,
Und alle Jahre lag ich nachts
Auf dem öden Felde.

Nicht Sonne, nicht Mond,
Keine Sterne erschienen mir
In dem finstern Hohlweg.
Lass meine Augen dich sehen, Sonne,

Dass ich mich sättige
An deiner schönen Helle!

Die Finsternis ist vergangen und ferne,
Die ganze Fülle des Lichts umgibt mich wieder.
Wann dürfte wohl der Sterbliche
Schauen ins Antlitz der Sonne?
Soll nicht auch ich
Das Leben suchen
Und das Leben finden für alle Tage?«

(aus Lit. 16), Georg E. Burckhardt (Übers.)

Gang der Sonne – Gang des Menschen

Sieh dir an den Menschen, der da geht,
Nicht wie ein Greis und nicht wie ein Kind,
Der da geht als ein Gesunder
Und nicht als ein Kranker,
Der da nicht zu schnell läuft
Und nicht zu langsam schreitet,
Und du wirst sehen das Maß des Sonnenganges.

Rudolf Steiner (Babylonischer Text), (Lit. 46)

Hymne auf den Sonnengott

Herr, der die Finsternis erleuchtet,
Der das Antlitz der Menschen öffnet,
Barmherziger Gott,
Der den Gebeugten aufrichtet,
Schützt den Schwachen,
Die Götter der Erde allzumal
Schauen dein Antlitz!
Die Zungen aller Welt
Lenkst du in gleicher Weise;
Erhoben sind ihre Häupter,
Schauend das Licht der Sonne;
Sobald du erscheinst,
Sind sie voll Freude und Jauchzen.
Der weiten Erde Augenziel bist du;
Dich schauend freuen sich
Die zahlreichen Menschen.

Babylon, 7. Jhdt. v. Chr. (Lit. 17)

LAND DER BIBEL
HETHITERREICH

Der Engel der Sonne

Auf! Gehe und bewege dich!
Du unsterblicher, leuchtender
Schnellfüßiger Engel der Sonne!
Über die Berge!
Und erzeuge Licht für die Welt!

Engel der Sonne, du bist die Quelle des Lichts:
Du durchdringst die Dunkelheit.
Öffne du das Tor des Horizonts!
Der Engel der Sonne wohnt weit über der Erde,
Und doch erfüllen seine Strahlen
Unsere Tage mit Leben und Wärme.

Der Triumphwagen des Morgens
Bringt das Licht der aufgehenden Sonne
Und stimmt die Herzen der Menschen froh.
Der Engel der Sonne beleuchtet unseren Weg
Mit prächtigen Strahlen.
Engel der Sonne!
Werfe deine Strahlen auf mich!
Lasse sie mich berühren, lass sie mich durchdringen!
Ich gebe mich dir und deiner Umarmung hin,
Gesegnet mit dem Feuer des Lebens!

Eine geschmolzene Flut heiliger Freude
Fließt von dir zu mir!
Ich gehe dir entgegen, du Engel der Sonne!
So wie kein Mensch mit offenen Augen
In die Sonne schauen kann,
So kann auch kein Mensch Gott ins Angesicht sehen,
Denn sonst wird er vom Feuer verbrannt,
Das den Lebensbaum bewacht.

– – –

Geht die Sonne ihren Weg.
Durch ihren Glanz und ihre Pracht
Gehen die Sterne ihren Weg.
Lasst uns die unsterbliche, leuchtende, schnellfüßige Sonne
Mit Gebet und Opfer anrufen.

Wenn das Licht der Sonne strahlender wird,
Wenn der Glanz der Sonne wärmer wird,
Dann stehen die Himmlischen Kräfte auf.
Sie schütten ihre Pracht auf die Erde,
Die vom Himmlischen Vater geschaffen wurde
Für das Wachstum der Kinder des Lichts,
Für das Wachstum der unsterblichen,
Leuchtenden, schnellfüßigen Sonne.
Denn wer der unsterblichen,
Leuchtenden, schnellfüßigen Sonne
Ein Opfer darbringt,

Um der Dunkelheit zu widerstehen,
Um dem Tod zu widerstehen,
Der im Unsichtbaren umherzieht,
Der bringt dieses Opfer dem Himmlischen Vater,
Den Engeln und seiner eigenen Seele.

Wer der unsterblichen,
Leuchtenden, schnellfüßigen Sonne
Ein Opfer darbringt,
Der erfreut die Kräfte des Himmels und der Erde,
Und dieser Freundschaft will ich ein Opfer bringen.
Sie ist die beste aller Freundschaften,
Die zwischen dem Engel der Sonne
Und den Söhnen der Mutter Erde besteht.

Ich segne die Pracht und das Licht,
Die Stärke und Lebenskraft
Des unsterblichen,
Leuchtenden, schnellfüßigen Engels der Sonne!

Aus den Schriftrollen der Essener (Lit. 48)

Israelitischer Hymnus

Der Himmel verkündet die Herrlichkeit Gottes,
Seiner Hände Werk preist das Gewölbe,
Der Tag erzählt dem Tag die Kunde,
Die Nacht vertraut die Sage der Nacht.

Keine Sage ist's und keine Kunde,
Deren Schall man nicht vernähme, –
Durch die ganze Erde geht aus ihr Hall,
Am Ende der Welt tönt ihr Ruf,
Dort wo ihr Zelt die Sonne hat.

Und sie tritt wie ein Bräutigam aus der Kammer,
Freut sich wie ein Held zu laufen die Bahn,
Am Ende des Himmels ist ihr Aufgang,
Sie zieht ihren Kreis zum andern Ende,
Und es birgt sich nichts vor ihrer Glut.

(Lit. 13)

Ihr Engel alle, lobet den Herrn für alles, was er schuf,
Preiset und rühmt ihn – hier und in alle Ewigkeit!
Sonne und Mond, ihr glänzenden Lichtbringer,
Lobet auch ihr den Herrn unserer Schöpfung,

Preiset und rühmt ihn – hier und in alle Ewigkeit!
Ihr Sterne alle am nachtdunklen Firmament,
Mit eurem funkelnden, friedlichen Leuchten,
Preiset und rühmt ihn, den Herrn – in alle Ewigkeit!
Oh ihr Winde, ihr flinken und lebensvollen,
Deren Lufthauch das Weltrund atmend durchzieht,
Preiset auch ihr und rühmt ihn – in alle Ewigkeit!

Altes Testament (Lit. 4; nach den »Stücken zu Daniel«: Gesang der Männer im Feuerofen)

Hethiter-Ritual

Des Himmels Sonnengott, der Menschheit Hirte!
Du steigst aus dem Meer empor, des Himmels Sonne!
Hinauf zum Himmel wandelst du dahin.
Des Himmels Sonnengott, mein Herr!

Dem Menschenkind, dem Hund, dem Schwein,
Dem wilden Tier des Feldes
Sprichst Recht du, Sonnengottheit,
Tag für Tag!

Aus dem Ritual des Hethiterkönigs Muwatallis, um 1300 v. Chr. (Lit. 14)

PERSIEN

Persischer Spruch

Trage die Sonne auf die Erde.
O Mensch, du bist zwischen Licht
Und Finsternis gestellt,
Sei ein Kämpfer des Lichtes.
Liebe die Erde in einem leuchtenden Edelstein.
Verwandle die Pflanze, verwandle die Tiere,
Verwandle dich selbst.

Zarathustra

Die mächtige, die königliche Verheißung tragende
Sonnen-Äther-Aura, die gottgeschaffene,
Verehren wir im Gebet,
Die übergehen wird auf den siegreichsten der Heilande
Und die anderen, seine Apostel,
Die die Welt vorwärts bringt,
Die sie überwinden lässt Alter und Tod,
O Sonne, der Wahrheit Antlitz ist verhüllt von deiner
Goldenen Scheibe. Entferne sie,
Auf dass ich Wahrheitssucher
Der Wahrheit Herrlichkeit erblicken kann.

Upanischad Ischa (Lit. 6)

Ahura-Mazdao

Der uranfänglich durch sein eignes Licht
Der Himmelslichter Menge ausgesonnen hat,
Durch seine eigne Einsicht schaffet er
Das Wahre, das der Grund des guten Sinnes ist.
Dies lässest du gedeihen, weiser Geist,
Der du derselbe bleibest, Unvergänglicher.

Dich, den Allweisen, den Ursprünglichen,
Dacht' als den Herrn des Geistes ich wie der Natur,
Mit Geistesblick hab ich dich ja erschaut,
Und als des guten Sinnes Vater dich erkannt,
Als den, der Wesenheit des Wahren ist,
Als Lebensschöpfer, als lebendig Wirkender.

Es ruht in dir die heil'ge Erde stets,
In dir, dess Weisheit ihren Leib so schön geformt.
Lebend'ger, Weiser, auf den rechten Pfad,
Den du ihr uranfänglich angewiesen hast,
Vom Landmann kommt zum Landmann
Segen spendend sie
Und gehet dem vorbei, der sie nicht baut.

(Lit. 13)

Sonne und Morgenröte

Schall, o Trommel, hall o Flöte! Allahhu!
Wall im Tanze, Morgenröte! Allahhu!
Lichtseel im Planetenwirbel, Sonne, vom
Herrn im Mittelpunkt erhöht! Allahhu!
Herzen! Welten! eure Tänze stockten, wenn
Lieb im Zentrum nicht geböte, Allahhu!
Unsres Liebesreigens Leiter reicht hinauf
Über Sonn und Morgenröte, Allahhu!
Rausche, Meer, am Fels im Sturme, Gottes Preis!
Nachtigall, um Rosen flöte, Allahhu!
Seele, willst, ein Stern, dich schwingen um dich selbst,
Wirf von dir des Lebens Nöte, Allahhu!
Wer die Kraft des Reigens kennet, lebt in Gott,
Denn er weiß, wie Liebe töte, Allahhu!

Ums reine Licht hab ich die Flamme lieb gewonnen,
Ums goldene Schwert hab ich die Schramme lieb gewonnen.
Aus Liebe zu dem Hirten, der mein Leben weidet,
Hab ich das Glöcklein an dem Lamme lieb gewonnen.
Ich hab aus Liebe zu der milden Frucht am Baume
Das raue Moos an seinem Stamme lieb gewonnen.
Ich hab um deiner jugendlichen Schönheit willen
Das welke Alter deiner Amme lieb gewonnen.

Weil mir der Duft des Lebens haucht aus deinen Locken,
Hab ich den toten Bux am Kamme lieb gewonnen.
Ich habe, weil die Perle ruht am Meeresgrunde,
Das Körnlein Sand am Meeresdamme lieb gewonnen.
Weil Tau zu Liebesschminke wird im Rosenantlitz,
Hab ich das Tröpflein Flut im Schlamme lieb gewonnen.

Dschelal-eddin-Rumi (Lit. 17)

Licht

Licht, vom Himmel flammt es nieder,
Licht, empor zum Himmel flammt es;
Licht, es ist der große Mittler
Zwischen Gott und zwischen Menschen.
Als die Welt geboren wurde,
Ward das Licht vorangeboren,
Und so ward des Schöpfers Klarheit
Das Mysterium der Schöpfung;
Licht verschießt die heil'gen Pfeile
Weiter immer, lichter immer,
Ahriman sogar, der dunkle,
Wird zuletzt vergehn im Lichte.

August von Platen (Lit. 36)

Anbetung

Ich sah empor, und sah in allen Räumen Eines,
Hinab ins Meer, und sah in allen Wellenschäumen Eines,
Ich sah ins Herz, es war ein Meer, ein Raum der Welten,
Voll tausend Träum', ich sah in allen Träumen Eines.

Du bist das Erste, Letzte, Äußre, Innre, Ganze;
Es strahlt Dein Licht in allen Farbensäumen Eines.
Du schaust von Ostens Grenze bis zur Grenz im Westen,
Dir blüht das Laub an allen grünen Bäumen Eines.
Vier widerspenst'ge Tiere ziehn den Weltenwagen;
Du zügelst sie, sie sind an deinen Zäumen Eines.

Luft, Feuer, Erd' und Wasser sind in Eins geschmolzen
In Deiner Furcht, dass Dir nicht wagt zu bäumen Eines.

Der Herzen alles Lebens zwischen Erd' und Himmel,
Anbetung Dir zu schlagen soll nicht säumen Eines!

Dschelal-eddin-Rumi (Lit. 17)

SONNE ÜBER HELLAS

An das Licht

(Orphischer Hymnus)

Erstgeborener, du, der aus dem Eie der Nacht sich
Hoch in den Äther schwang und droben auf goldenen Flügeln
Regend erfreuet; o du, der Götter und Menschen erweckte:
Licht! o du mächtiger, zarter, du viel besungener, und dennoch
Unaussprechlich; geheim, und allenthalben im Glanze
Strahlend. Du nahmest die Nacht von unserem geschlossenen Auge,
Als du den hohen und heiligen Strahl fern über die Welt hin
Wälztest und mit der Stille des Lichtstrahls mächtig ertöntest.
Weltenkönig! du weithin schauender Erdenumleuchter,
Viel ratschlagender, viel aussäender, glänzender Weltspross.
Sprieße den Völkern Glück, und säe Strahlen und sende
Licht auf alle geschlossenen Augenlider, und sende
Leben hinab, du Zweigestaltiger, Licht und die Liebe.

Übersetzt von Johann Gottfried Herder (Lit. 18)

An den Äther
(Orphischer Hymnus)

Heiliger Äther, ich bete dich an, du aller Gestirne
Schwingende Kraft, die sie hält und bezähmt (und) mit lebendem
Feuer anhaucht. – Mächtiger Gott, du aller Lebenden Atem,
Kraft und Geist und Sinn und Gemüt und unsterbliches Wesen!
Blume der Schöpfung, du Glanzaussenderin, die die Gestirne
Leuchten macht, die Sonne, den Mond und die Blüte der Erde,
Fröhliche Menschen, sie strahlen von dir, unsterblicher Äther.

Übersetzt von Johann Gottfried Herder (Lit. 38)

An die Sonne
(Ein Morgengesang)

Feire ringsum, hoher Äther!
Und ihr Täler und ihr Berge,
Erd und Meer und Lüfte schweiget!
Schweigt ihr Vögel, schweig o Echo,
Denn zu uns wird Phoibos nahn,
Der lockige Sänger.

O du der holden Aurora
Vater, der ihren rosigen Wagen

Mit dem Flügeltritt der Rosse verfolgt.
Frohlockend im goldenen Haar
Den unendlichen hohen Himmel hinan:
Um dich windend den vielgelenkigen Strahl,
Lenkst du den güterreichen Glanzquell
Rings um die ganze Erde,
Und Ströme ambrosischen Feuers
Bringen von dir uns her den lieblichen Tag.
Der schöne Chor der Sterne tanzt
Am Olympos dir, dem Könige, Reihentanz,
Anstimmend dir sein heiliges Lied,
Entzückt vor der Phoibëischen Leier Klang;
Indess von ihnen her die blasse Selene
Anführt den frühen Chor,
Bespannt den Wagen mit weißer Stiere Gespann.
Er aber freut in seinem Gemüt sich hoch
Und eilt hinüber die viel durchpfadete Welt.

Mesomedes

(übersetzt v. Johann Gottfried Herder; Lit. 16)

Fahrt des Sonnenwagens

Allbereits treibt den glänzenden Wagen
Der Gott des Tages am Himmel herauf;
Die Sterne vom Feuer des Äthers verscheucht,
Fliehn in die heilige Nacht.
Schon rollt das flammende Rad
Über Parnassus unersteigliche Spitzen,
Ihr Lichtglanz meldet der Erde den Tag.
Schon wirbelt der saftlosen Myrte Rauch
Zum hohen Giebel des Tempels empor,
Und auf dem heiligen Dreifuß sitzt
Die Priesterin, den Hellenen
Mit mächtiger Stimme verkündend,
Was der begeisternde Gott ihr flüstert.

Euripides
(übersetzt von Christoph Martin Wieland; Lit. 16)

Der delphische Priester Ion

Siehe! Mit leuchtendem Viergespann
Glänzt Helios über die Erde schon.
Die Sterne fliehn vor des Himmels Glut
In heilige Nacht.
Parnassos' unbetretene Höhn
Erstrahlen im Licht, berührt vom Tag,
Der für die Sterblichen anbricht.
Dorrender Myrrhe Duft steigt auf
Zu Phoibos' Gebälk.
Auf heiligem Dreifuß thront und singt
Den Griechen die delphische Frau den Spruch,
Mit dem Apoll sie umtönte.
Ihr Delpher! Phoibos' Gesinde, auf!
Zieht hin zur silbern schimmernden Flut
Kastalias', netzt im reinen Tau
Die Glieder, dann steigt zum Tempel hinan,
Weiht frommer Rede den Mund, und nahn,
Die fragen um Rat,
So spendet ihnen Worte des Heils
Von angemessener Zunge!

Euripides

(aus »Ion«, deutsch von Emil Staiger; Lit. 21)

INDIEN

Die Morgenröte

Strahlend kommt sie gleich dem jungen Weibe,
Weckt zum Tagewerke die Lebend'gen;
Feuer zünden wir auf dem Altare,
Und ihr Licht verscheucht die Finsternisse.
Wie sie wächst in Schönheit, glanzgekleidet,
Sie, die Glückliche! Sie bringt des Gottes
Auge, bringt das Ross, das sonnenhelle,
Ihre Schätze spendend allerwegen.
Tagespforten hat sie aufgeschlossen,
Lehrt uns wieder des Gebetes Worte.

Seit wann kommst du doch uns zu besuchen?
Die du heute scheinst, du ahmest jene
Nach, die uns zuvor geleuchtet haben,
Und dir folgen die zum Heil uns leuchten werden.

Menschen, die die früheren Morgenröten
Glänzen sahn, sie sind gestorben, sterben
Werden die die heut'gen sehn, die Morgenröten
Selbst sind ewig! Kennt die Göttin doch kein Alter,
Kommt in frischer Jugend immer wieder,
Trägt der Sonne goldne Strahlenfahne.
Bringt herbei das Schöne, Menschenfreundin,
Du der Götter Mutter, Aug' der Erde,

Opferbotin, aller Wesen Wonne,
Gib uns Heil, und segnet uns ihr Ew'gen.

(Lit. 13)

Upanischad Ischa

O Sonne, der Wahrheit Antlitz ist verhüllt
von deiner goldenen Scheibe.
Entferne sie, auf dass ich Wahrheitssucher
der Wahrheit Herrlichkeit erblicken kann.

(Lit. 6)

An Brahma

In deinem Lichtleib, Herr! erblick ich alle Götter
Und der lebend'gen Wesen großes Heer;
Brahma, den Herrn im Lotuskelche sitzend,
Und alle Weisen und die Götterschlangen.

Mit vielen Armen und unzähligen Brüsten
Und Augen, seh' ich dich Unendlicher.
Da ist kein Anfang, Mitte oder Ende.
Von dir, o Herr, du Allumfassender!

Du trägst die Krone, Stern' und Himmelsstraßen,
Ein Meer von Glanz, nach allen Seiten strahlend.
Es blendet mich dein Licht, das sonnengleich
Nach jeder Richtung seine Strahlen sendet.

Du bist der eine, du das höchste Ziel
Der Selbsterkenntnis und das Herz des Alls,
Der Hüter des unsterblichen Gesetzes,
Der ew'ge Grund von allem was da ist.

Ohn' Anfang, ohne Mitte, ohne Ende,
Ewig in deiner Kraft und deinem Tun;
Die Sonne und der Mond sind deine Augen,
Es glänzt dein Angesicht wie Feuerschein.

Du füllst den Weltenraum mit deinem Licht,
Und deine Liebe wärmt das ganze All,
Denn alle Himmel und die Weltregionen
Sind voll von dir und deiner Herrlichkeit.

Und zeigst du dich in deiner Schreckgestalt,
So zittern die drei Welten, es entflieh'n
Die Götter, und der Rischi Scharen sprechen,
Die Hände faltend: »Großer! Heil sei dir!«

Bhagavadgita, Gesang XI, Verse 15–21 (Lit. 17)

FERN-OST

CHINA UND JAPAN

Die Sonne geht auf, da arbeiten wir –
Die Sonne sinkt, da rasten wir.

Wir graben Brunnen – und trinken dann.
Des Kaisers Macht, was geht sie uns an?

China (Dschou-Dynastie)
(übersetzt von Peter Olbricht; Lit. 26)

Die Sonne sinkt.
Die Wasseruhr jagt jach.
Der Mond steigt auf,
Im Strome zu versinken.
Die Sonne kehrt zurück.
Die Gräser blinken.
Der Rabe steht
Noch immer auf dem Dach.

Chinesisch
(Nachdichtung von Klabund; Lit. 29)

Abendsonne

Die Abendsonne
schwand hinter den Hügeln im Westen.
Die Täler alle
sind plötzlich in Dunkel gehüllt.
Über den Kiefern der Mond
gebärt die Frische der Nacht.
Im Winter rauscht die Quelle,
füllt des Lauschers Ohr.
Die Holzfäller eilen,
den Wald zu verlassen.
Vor der Dämmerung fanden
die Vögel Schutz im Gezweige.
Und er, mein lieber Freund,
versprach zur Nacht zu kommen.
Schweigend lehnt die Laute
am Efeupfad und wartet.

Meng Hao-jan (689–740), (Lit. 29)

Gebet des Kaisers

Oh Himmel, edler und erhabener Schöpfer,
Oh Erde, reiche und fruchtbare Mutter,
Firmament und Sonne, deren unaufhörliche Wirkung
Und Rückwirkung die vier Jahreszeiten hervorbringt,
Sonne, Mond und Sterne in ihrem festen
Und vorbestimmten Lauf,
Yin und Yang
Und ihr fünf Naturkräfte, die ihr immer wieder
Die kaum vollendete Umdrehung neu beginnt,
Stürme, Winde, Donner, Blitze, Regen und Tau,
Die ihr in Fülle den Menschen beschenkt …
Dank sei euch allen,
Dank für das Geschenk des Lebens.

Aus China (Lit. 41)

Bitte

Oh Sonne! – Gib uns, dass wir wohlbehalten die Tage verleben!
Erhalte den Atem! Gib uns das Glück des Wohlergehens!
Verlass uns nicht für die Zukunft! – Bis zu dieser Zeit!

Aus Asien (Lit. 41)

FERN-WEST
DIE WELT DER INDIANER

»Die ihre Lebenssonne noch vor sich haben«

Meine Gebete sandte ich hinauf.
Alle unsere Kinder,
Auch die, die am Rande der Wildnis leben, –
Mögen ihre Wege sicher dahinziehen,
Mögen Wälder und Busch
Ihre wassergeschwellten Arme ausstrecken,
Ihre Herzen zu laben;
Mögen sie ihre Wege sicher dahinziehen,
Dass sie glücklich sind, ohne Hindernisse,
Mögen alle Knaben,
Mögen alle Mädchen
Und die, die ihre Lebenssonne noch vor sich haben –
Mögen sie kraftvolle Herzen haben,
Einen mutigen Geist;
Auf dem Wege zur See der Dämmerung
Mögen sie gutes Alter erreichen,
Mögen alle eure Wege glücklich enden,
Möget ihr mit Kraft gesegnet sein,
Dass ihr euch wärmt in eures Vaters Sonne,
Denn Er gibt Segen auf euren Wegen,
Mit Ihm enden glücklich eure Wege!

Gebet der Zuni-Pueblo-Indianer, Neu-Mexiko (Lit. 17)

Aus dem Sonnentanz der Oglala-Sioux

Die Sonne, das Licht dieser Welt,
Ich höre sie kommen.
Ich sehe Ihr Antlitz wenn sie kommt.
Sie macht alle Geschöpfe auf Erden glücklich,
Und sie frohlocken.
O Großer Geist, ich opfere Dir diese Welt des Lichtes.

In dem Augenblick, in dem die Sonne des Tages über den Horizont emporlugt, singen die Tänzer in der heiligen Weise und der Vorsänger stimmt dies heilige Lied an:

Das Licht des Großen Geistes ist über meinem Volke;
Es macht die ganze Erde glänzen.
Mein Volk ist jetzt glücklich!
Alle Wesen, die sich bewegen, frohlocken!

Schwarzer Hirsch (Black Elk, »Hehaka Sapa«)
(aus dem Englischen von Martin Sandkühler; Lit. 5)

Ein Neugeborenes wird dem Kosmos vorgestellt

He! Ihr Sonne, Mond, Sterne, all ihr, die ihr am Himmel zieht,
Ich bitte euch, hört mich an!
In eure Mitte ist ein neues Leben getreten.
Willigt ein, ich flehe darum!
Macht eben seinen Pfad, dass es die Kuppe
Des ersten Berges erreiche!

He! Ihr Winde, Wolken, Regen, Nebel, all ihr,
Die ihr durch die Lüfte zieht,
Ich bitte euch, hört mich an!
In eure Mitte ist ein neues Leben getreten.
Willigt ein, ich flehe darum!
Macht eben seinen Pfad, dass es die Kuppe
Des zweiten Berges erreiche!
– – –
He! All ihr aus dem Himmel, all ihr aus den
Lüften, all ihr von der Erde:
Ich bitte euch alle, mich anzuhören!
In eure Mitte ist ein neues Leben getreten.
Willigt ein, willigt alle ein, ich flehe darum!
Macht eben seinen Pfad, dann wird es ziehen
Über alle die vielen Berge hinaus!

Anrufung der Omaha (Lit. 2)

AFRIKA

Mais

Sonne und Regen
kühner Regen
und helle Sonne
führen die Keime
an ihren Händen
von der Empfängnis
zur Kindheit.

Regen und Sonne
milderer Regen
und kühnere Sonne
hegen der Kornkinder
zärtliches Alter
bis in die Graszeit
ihrer Jugend.

Dichter Regen
heftige Sonne
rühren ihr Maisherz
zu Blüten
und zeigen ihnen
geheime Wege
Flaum zu treiben.

Dann wissen sie mit einem Mal
wie mannigfaltig jedes Maiskorn wachsen kann
und bergen in einem Anfall von Scham
ihr Geheimnis in grünen Scheiden
die bauchen und schwellen – umsorgt von
Regen und Sonne
Sonne und Regen.

Efua Theodora Sutherland (Lit. 23)

Das Lied der Sonne

Ich bin die Sonne und singe über die Erde der Menschen
Sobald der Tag erwacht
Bunt von leuchtenden Pfeilen, die viele Jahrhunderte lang sind.

Ich sehe die Jahre zerrinnen, die Monde, die Tage,
Die Menschen geboren werden nackt in zahllosen Rhythmen
Tanzen am Abend den Feuertanz.

Wunder entdeckte ich rings um mein Milchbett
Girlanden singender Rosen, nackte Frauen,
Bekleidete werfen sich auf die Jagd nach dem Glück.
Harmonien des Tages, Harmonien der Nacht,
Schimmernde Perlen, phosphoreszierende Büschel.

Ich bin die Sonne und tanze über die Erde der Menschen
Sobald der Tag sich beeilt.

Ich sehe den Schmetterling flattern über die Wölbung
Der wilden Blumen – er sucht tausendjährigen Duft
Von dem er sich nährt.

Himmel und Sterne schwächen sich, streiten sich
Und das schreckliche Kind murrt und droht,
Ich sehe die Menschen nackt bei unzähligen Riten
Tanzen in den Embryonen des Abends – den Feuertanz.

Joseph Miezan Bognini (Lit. 23)

Die Schöpfung

(Aus einer Negerpredigt)

Und Gott trat heraus in den Raum
Und er schaute sich um und sagte:
Ich bin einsam – ich mache mir eine Welt.

Und so weit Gottes Auge sah,
Bedeckte Dunkel die Welt,
Schwärzer als hundert Mitternächte
Im Zypressensumpf drunten.

Da lächelte Gott – Und das Licht brach an,
Und das Dunkel rollte sich zur Seite auf,
Und das Licht stand leuchtend auf der andern,
Und Gott sagte: Das ist gut!

Dann griff Gott zu und nahm das Licht in die Hände.
Und Gott rollte das Licht in den Händen
Bis er die Sonne hatte,
Und er tat die Sonne lodern an den Himmel.
Und das Licht, das von der Sonne übrig war,
Raffte Gott zum leuchtenden Ball
Und schleuderte ihn gegen die Dunkelheit
Und sprenkelte die Nacht mit Mond und Sternen.
Dann warf er zwischen Licht und Dunkelheit
Die Welt hinab. – Und Gott sagte: Das ist gut!

Dann trat Gott selbst herab
Und die Sonne war zu seiner Rechten
Und der Mond war zu seiner Linken
Die Sterne waren um sein Haupt geschart,
Und das Erdreich war unter seinen Füßen.
Und Gott ging – und wo er hintrat,
Höhlten seine Stapfen die Täler aus
Und bauchten die Berge auf.

James Weldon Johnson (übertr. v. Eva Hesse; Lit. 24)

Sonnenursprung

(Afrikanisches Märchen)

Im Anfang war die Erde – »das, was unter dem Himmel ist« –, und wie eine Geschwulst sich am Körper bildet, so wuchs aus ihr ein Berg und presste und drängte sich heraus, er platzte dann auf, und alle Dinge der Erde und Menschen und Tiere und Pflanzen quollen heraus. All das wurde in einem verschlossenen Sacke gesammelt, den der Wind nun über die Erde hin trieb. Eine neugierige Landkrabbe bohrte sich von innen her mit ihren scharfen Scheren ein Loch durch die Hülle des Sackes, um zu sehen, was auf der Erde vor sich ging, da fiel der ganze Inhalt heraus und verstreute sich ungleich über die Erde. Und ein großer Riese stieg empor, um sich die Erde zu besehen, und dieser Riese war Gott, er hatte lange Haare und Augenbrauen und trug in seiner linken Hand ein großes Buschmesser. Seine Augen waren so hell wie die Sonne, sodass die ganze Erde, auf der es vorher dunkel war, licht wurde. Da dachte Gott nach und sagte sich: »Wenn ich wieder fortgehe, wird alles wieder dunkel werden, denn mein Auge allein ist das Licht der Menschen. Ohne Licht werden sie traurig sein und vielleicht sterben, darum will ich ihnen ein anderes Licht geben«, und er schuf für sie die Sonne, den Mond und die Sterne.

Richard Karutz (Lit. 27)

EUROPA
GERMANEN UND KELTEN
FRÜHES CHRISTENTUM

Aus dem Allwisslied

Thor:
»Wenn du denn wirklich
sämtlicher Wesen
Wortschatz kennst,
so künde mir Allwiss
wie die Söhne der Zeit
je nach den Bezirken
die allen sichtbare Sonne
bezeichnen?«

*

Allwiss:
»Sonne heißt sie den Menschensöhnen,
Tages-Gestirn dem Stamme der Götter,
leidige Lähmerin lichtscheuen Zwergen,
rastloses Feuer dem Riesenvolke,
Funkelscheibe der Schar der Alfen,
den Kindern der Asen
Kerze des Alls.«

Aus der Edda, übertr. v. Wilhelm Jordan (Lit. 25)

Götterdämmerung
Der Tod des Lichtes

Die Sonne verschwelt
Und beginnt sich zu schwärzen
Die Erde sinkt in die See hinunter,
Am Himmel erlöschen die leuchtenden Sterne;
Die Lohe umwütet den Lebensbewahrer;
Bis zum Himmel leckt die lodernde Glut.

Doch enttauchen seh' ich
In kommenden Tagen
Dem Grunde des Meeres
Die grünende Erde, die fallende Flut
Überfliegt der Fischaar,
Der Beute gefangen im Felsengebirge
Da finden sich die Asen auf Idafelde,
Um über den Wurm,
Der gewunden den Erdkreis
Umzingelt hält,
Gericht zu halten.
Der weiland gewirkten
Großen Werke
Gedächtnis erwacht;
Auch gedenken sie wieder
Der in sinnigen Sprüchen

Vom Sagengotte
In alten Zeiten
Erzählten Mären.

Da werden sich wieder
Die wundersamen
Goldenen Würfel im Grase finden,
Die im Zeitenbeginne
Die Götter besaßen.

Der Acker trägt
Unbesät Getreide,
Verbannt ist Böses
Heim kehrt Balder;
Beisammen in Odins
Siegessaale,
Der hohen Halle
Der Heeresgötter,
Wohnen die beiden,
Baldur und Hödur.
Wisset ihr, was das
In Wahrheit bedeutet?
– – –
Ich seh einen Saal,
Schöner als die Sonne,
Belegt mit Gold,

Im Lee der Glutwelt.
Da werden wohnen
Die würdig bewährten
Und nimmer gefristeter
Freude genießen.
Dann kommt jener Fürst
Zum Gericht gefahren,
Der Höchste von oben,
Der alles beherrscht.[1]
Urteil beschließt er,
Schlichtet Zwiste
Und sichert Ordnung
Mit ewiger Satzung. – – –
Doch da kommt schon beschwingt
Der schwarze Drache,
Die flinke Natter herangeflogen.
Aus Nidafels.
Der nagende Neidwurm
Überfliegt die Fluren
Und trägt auf den Flügeln
Tote. – Nun taucht
In die Tiefe die Wala.

Wilhelm Jordan (Aus der Völuspa)

[1] Hinweis auf Christus

Sonne

(keltische Sonnenhymne)

Das Auge des großen Gottes,
Das Auge des Gottes des Glanzes,
Das Auge des Königs der Heerscharen,
Das Auge des Königs alles Lebendigen

Flutend über uns – jederzeit
Durch alle Jahreszeiten,
Flutend über uns – sanft und großzügig.

Heil sei dir, du herrliche Sonne.
Heil sei dir, du Sonne,
Du Antlitz Gottes,
Der über allem Lebendigen ist.

Alexander Carmichael
(deutsch von Martin Sandkühler; Lit. 12)

An die Sonne

Sonne, du rollest dort oben,
Rund wie der Schild meines Vaters,
Woher sind deine Strahlen,
Woher dein unverlöschendes Licht?

Du steigest empor in schrecklicher Schönheit
Die Sterne verbergen sich tief in den Himmel,
Der Mond, fröstelnd und bleich
Sinkt in die westliche Woge,
Aber du schreitest dahin allein,
Wer kann Gefährte dir sein auf deiner Bahn?

Ossian (Lit. 43)

Die Sonne

Heil dir, du Sonne der Jahreszeiten,
Die du so leicht die Himmel durchquerst;
Deine Schritte sind fest auf den Schwingen der
Himmel,
Denn du bist die glorreiche Mutter der Sterne.

Du legst dich nieder ins zerstörerische Meer
Ohne zu zögern und ganz ohne Furcht;
Du erhebst dich auf friedlichem Wogenkamm
Gleich einer königlich blühenden Jungfrau.

Alexander Carmichael
(deutsch von Martin Sandkühler; Lit. 11)

Schöpfung der Sonne

Da war Harfenklang,
Des Sängers lautes Singen. Es sagte der Kundige
Der Menschen Ursprung in alten Zeiten,
Wie der Allmächtige die Erde schuf,
Die frischen Gefilde von der Flut gegürtet,
Dann siegesfroh setzte Sonne und Mond
Als leuchtende Lichter den Landbewohnern,
Und zum Schmuck die weiten Gewannen zierte
Mit Laub und Zweigen, Leben auch schenkte
Allem, was atmet auf der Erde Breiten.

Aus dem Schöpfungshymnus des Caedmon (7. Jh.), (Lit. 20)

Die Sonne – Sinnbild ihres Schöpfers

Die Sonne ist das Auge der Welt, die Freude des Tages, die Schönheit des Himmels, die Anmut der Natur, das Juwel der Schöpfung. Denke, so oft du sie schaust, an ihren Meister! Preise, so oft du sie bewunderst, ihren Schöpfer! Wenn schon die Sonne, die Sein und Schicksal der Schöpfung teilt, so lieblich strahlt, wie gut muss jene »Sonne der Gerechtigkeit« sein!

Ambrosius von Mailand (ca. 340–397), (Lit. 40)

EUROPA

MITTELALTER UND RENAISSANCE

BAROCK

Sonne – Tag- und Nachtgleiche

Ewig wandelnd in der Helle
Nimmt die Sonne ihren Lauf,
Und sie taucht an jeder Stelle
An dem Himmelsbogen auf.

Wenn sie in des Widders Zeichen
Voller Strahlenkraft erwacht.
Wenn sich frühlingsahnend gleichen
In der Länge Tag und Nacht.

Wenn aus harter Knospenhülle
Jauchzend jung das Grüne bricht.
Und des Lebens reichste Fülle
Sich entfaltet an dem Licht.

Wenn des Schöpfers großes Werde
Neu den ganzen Reichtum schafft,
Gießt die Sonne auf die Erde
Ihre stärkste Formenkraft.

Schaffend, bildend und gestaltend
Strahlt sie Leben weit und breit.
Alles Zeitliche gestaltend
In dem Bild der Ewigkeit.

Dante Alighieri (Lit. 15)

Der Sonnengesang des Franz von Assisi

Herr Gott ich preise Dich im Stillen
Um Deiner Werke Pracht,
Insonderheit der goldnen Sonne willen,
Die Du gemacht!
Denn schön ist meine königliche Schwester,
Gibt Morgenrot und Mittagshelligkeit,
Den Abendhimmel als der Künstler bester
Malt sie mit glühnden Farben allezeit.
Des Lenzes Blüten und des Sommers Ähren,
Des Herbstes Trauben dank ich ihr,
Kein anderes Geschöpf zu Deinen Ehren
Spricht lauter mir.

*

Herr Gott ich preise Dich im Stillen
Um Deiner Werke Pracht,
Des Bruder Mondes und der Sterne willen,
Die Du gemacht!
Denn sie verklären meiner Nächte Dunkel,
Und Frieden trinkt das Herz;
Blick ich empor, löst freundlich ihr Gefunkel
Mir jeden Schmerz.
Ich schau das Bild der Ewigkeiten, im Sternenschein,
Und nimmer kann im Wandel ich der Zeiten
Ganz ungetröstet sein.

Herr Gott ich preise Dich im Stillen
Um Deiner Werke Pracht
Und um der Luft, der holden Schwester willen,
Die Du gemacht!
Sie blickt mit sanften Augen zu mir nieder,
Umkost mich lind
Und tränkt mit Lebensodem meine Glieder
Im Sommerwind.
Sie trägt die Wolken über alle Länder
Mit mütterlichem Sinn
Und lässt sie Regen träufeln, Segensspender
Zur Erde hin.

*

Herr Gott ich preise Dich im Stillen
Um Deiner Werke Pracht
Und um des Feuers meines Bruders willen,
Das Du gemacht!
Denn, schön und stark weiß er die Kraft der Erze
Zu bändigen in seiner roten Glut,
Demütig, milde leuchtet mir die Kerze;
In treuer Hut
Erwärmt er meine winterliche Zelle,
Bereitet mir das Mahl,
Verscheucht die Dunkelheit mit froher Helle
Aus Kammer, Gang und Saal.

*

Herr Gott ich preise Dich im Stillen
Um Deiner Werke Pracht,
Auch um des Wassers, meiner Schwester willen,
Das Du gemacht!
Denn sie ist keusch und aufrichtig von Herzen,
Und alles Schöne nimmt sie freudig auf,
Verklärt's durch rhythmisch-heitres Spiel und Scherzen
Im Wellenlauf.
Dem Wandrer labt sie in der Sonne Gluten
Der Zunge Trockenheit
Und kühlt die Glieder wohlig in den Fluten
Ihm hilfsbereit.

*

Herr Gott ich preise Dich im Stillen
Um Deiner Werke Pracht,
Vor allem um der Mutter Erde willen,
Die Du gemacht!
Der schön gegürtet, ewig-wunderbaren,
Die Gras und Kräuter, Busch und Baum,
Die Tiere schuf, vom kleinsten unsichtbaren
Bis zu den Riesen tief im Meeresraum.

Sie hat auch meinen schwachen Leib gestaltet,
Der wehrlos scheint und dennoch seine Hand
Zum Werkzeug aller Werkzeuge entfaltet
Und mit der Zunge leicht das Wort gesandt

In eines andern Brust,
Dass *ein* Gedanke mit mir ihn eint,
Ein Ton aus beiden klingt
Und so zuletzt *ein* Werk zum Danke
Aus zweier Menschen Doppelkraft entspringt.

*

Herr Gott ich preise Dich im Stillen
Um Deiner Werke Pracht,
Um aller Heiligen und Weisen willen,
Die rühmen Deine Macht!
Der Brüder mild, mit sanften Händen,
Die jene, die sie hassten, nur geliebt
Und jenen, die da fluchten, Segen spenden,
In Leid geübt.
Die dankbar Dich mit hohem Sinn verehrten
Und unverwandt,
Lag schwer mitunter auch auf den Bekehrten,
Herr, Deine Hand.

*

Herr Gott ich preise Dich im Stillen
Um Deiner Werke Pracht,
Auch um der Schmerzen und des Todes willen,
Die Du erdacht!
Denn unsre Trauer wird zur Freude wenden
Sich einst im Zeitenlauf,
Schließt Bruder Tod uns erst mit stillen Händen

Des bessern Lebens Pforte auf.
Und selig die, so in dem Herren sterben,
Ohn' Furcht und Graun;
Sie werden froh die Ewigkeit erwerben
Und keinen zweiten Tod mehr schaun.

Franz von Brentano / Max Lehrs (Lit. 7)

Die majestätische Sonne thront
Als Hauptplanet, in höchster Herrlichkeit
Vor allen andern; ihr heilkräftig Auge
Verbessert den üblen Aspekt der Planeten Bosheit
Und trifft wie Königsmachtwort, ohne Hemmnis,
Auf Gut' und Böses. Doch wenn die Planeten
In schlimmer Mischung irren ohne Regel,
Welch Schrecknis! Welche Plag und Meuterei!
Welch Stürmen auf der See! Wie bebt die Erde!
Wie rast der Wind! Furcht, Umsturz, Graun und Zwiespalt
Reißt nieder, wühlt, zerschmettert und entwurzelt
Die Eintracht und vermählte Ruh der Staaten
Ganz aus den Fugen. –

William Shakespeare (Lit. 42)

Lebenswirker Sonne

Blind ist, wer die Sonne nicht sieht,
töricht ist, wer sie nicht kennt,
armselig, wer ihr nicht dankt.
Sie ist das Licht,
sie ist das Gute,
sie ist das Heil.
Aus ihr strahlt,
aus ihr wirkt,
aus ihr spendet
der Herr der Sinne,
der Vater des Seins,
der Lebenswirker.

Giordano Bruno
(aus »Entthronung der Bestie«)
(Lit. 9)

Du selbst musst Sonne sein

Ich selbst muss Sonne sein, ich muss mit meinen Strahlen
Das farbenlose Meer der ganzen Gottheit malen.

Angelus Silesius (Lit. 1)

DER SONNENGEIST
ZUR GOETHEZEIT

Welcher Lebendige,
Sinnbegabte,
Liebt nicht vor allen
Wundererscheinungen
Des verbreiteten Raums um ihn
Das allerfreuliche Licht –
Mit seinen Strahlen und Wogen
Seinen Farben,
Seiner milden Allgegenwart
Im Tage.
Wie des Lebens
Innerste Seele
Atmet es die Riesenwelt
Der rastlosen Gestirne
Die in seinem blauen Meere schwimmen,
Atmet es der funkelnde Stein,
Die ruhige Pflanze
Und der Tiere
Vielgestaltige,
Immerbewegte Kraft –
Atmet es vielfarbige
Wolken und Lüfte
Und vor allen
Die herrlichen Fremdlinge
Mit den sinnvollen Augen
Dem schwebenden Gange

Und dem tönenden Munde.
Wie ein König der irdischen Natur
Ruft es jede Kraft
Zu zahllosen Verwandlungen
Und seine Gegenwart allein
Offenbart die Wunderherrlichkeit
Des irdischen Reichs.

Novalis (aus »Hymnen an die Nacht«), (Lit. 35)

Dem Sonnengott

Wo bist du? trunken dämmert die Seele mir
Von all deiner Wonne; denn eben ist's,
Dass ich gesehn, wie, müde seiner
Fahrt, der entzückende Götterjüngling

Die jungen Locken badet' im Goldgewölk;
Und jetzt noch blickt mein Auge von selbst nach ihm;
Doch fern ist er zu frommen Völkern,
Die ihn noch ehren, hinweggegangen.

Dich lieb' ich, Erde! trauerst du doch mit mir!
Und unsre Trauer wandelt, wie Kinderschmerz,
In Schlummer sich, und wie die Winde
Flattern und flüstern im Saitenspiele.

Bis ihm des Meisters Finger den schönsten Ton
Entlockt, so spielen Nebel und Träum' um uns,
Bis der Geliebte wiederkömmt und
Leben und Geist sich in uns entzündet.

Friedrich Hölderlin (Lit. 22)

Wär nicht das Auge sonnenhaft,
Wie könnten wir das Licht erblicken?
Lebt' nicht in uns des Gottes eigne Kraft,
Wie könnt' uns Göttliches entzücken?

Johann Wolfgang v. Goethe
(nach Plotin; Einleitung zur Farbenlehre), (Lit. 19)

Die Sonne tönt nach alter Weise
In Brudersphären Wettgesang,
Und ihre vorgeschriebne Reise
Vollendet sie mit Donnergang.
Ihr Anblick gibt den Engeln Stärke,
Wenn keiner sie ergründen mag;
Die unbegreiflich hohen Werke
Sind herrlich wie am ersten Tag.

Und schnell und unbegreiflich schnelle
Dreht sich umher der Erde Pracht;
Es wechselt Paradieses-Helle
Mit tiefer schauervoller Nacht;
Es schäumt das Meer in breiten Flüssen
Am tiefen Grund der Felsen auf,
Und Fels und Meer wird fortgerissen
In ewig schnellem Sphärenlauf.

Und Stürme brausen um die Wette,
Vom Meer aufs Land, vom Land aufs Meer
Und bilden wütend eine Kette
Der tiefsten Wirkung rings umher.
Da flammt ein blitzendes Verheeren
Dem Pfade vor des Donnerschlags;
Doch deine Boten Herr verehren
Das sanfte Wandeln deines Tags.

Der Anblick gibt den Engeln Stärke
Da keiner dich ergründen mag,
Und alle deine hohen Werke
Sind herrlich wie am ersten Tag.

Johann Wolfgang v. Goethe
(aus »Faust I«), (Lit. 19)

Wie an dem Tag, der dich der Welt verliehen,
Die Sonne stand zum Gruße der Planeten,
Bist alsobald und fort und fort gediehen
Nach dem Gesetz, wonach du angetreten.

(aus »Urworte«, Orphisch), (Lit. 19)

*

Lass der Sonne Glanz verschwinden,
Wenn es in der Seele tagt,
Wir im eignen Herzen finden,
Was die ganze Welt versagt.

Johann Wolfgang v. Goethe (aus »Faust II«), (Lit. 19)

Der Stern, durch den es bei uns tagt –
»Ach! Dichter, lern wie unsereiner sprechen!
Muss man, wenn du erzählst,
Und uns mit albern Fabeln quälst,
Sich denkend noch den Kopf zerbrechen?«
Nun gut! die Sonne ward gefragt:
Ob sie es nicht verdrösse,
Dass ihre unermessne Größe
Die durch den Schein betrogne Welt,
Im Durchschnitt größer kaum, als eine Spanne hält?

Gotthold Ephraim Lessing (Lit. 31)

AUFBRUCH
INS DRITTE JAHRTAUSEND

Zum Auftun der Sinne

Wie die Sonne heraufsteigt!
Und rot werden die Berge
Rings von ihren Strahlen,
Und der Himmel wird leuchtend,
Und hoch in der schimmernden Luft
Jauchzen die tausend Vögel,
Und alle Wesen sind froh
Über den prangenden Tag:

So will auch ich sein,
Wie eine Sonne klar,
Hellschauend mit meinem Auge
Auf die herrliche Erde,
Auf die Berge, die Bäume,
Auf die Blumen und Tiere –
Und so wie die Sonne sein,
Gütig und freudevoll,
Mutig und lichtesstark
Und voll wärmender Liebe!

Heinz Ritter-Schaumburg (Lit. 37)

Lied der Sonne

Ich bin die Mutter Sonne und trage
Die Erde bei Nacht, die Erde bei Tage.
Ich halte sie fest und strahle sie an,
Dass alles auf ihr wachsen kann.
Stein und Blume, Mensch und Tier,
Alles empfängt sein Licht von mir.
Tu auf dein Herz wie ein Becherlein,
Denn ich will leuchten auch dort hinein!
Tu auf dein Herzlein, liebes Kind,
Dass wir ein Licht zusammen sind!

Christian Morgenstern (Lit. 33)

Sonnenstrahl im Staube sichtbar,
zeigst, wie Stoff und Geist sich brauchen:
Dieser muss in jenen tauchen,
so erst wird ein All errichtbar.

Christian Morgenstern (Lit. 34)

Komet und Sonne

Wieder ist aus ihrer Bahn gestoßen
Eine Welt von einem Namenlosen;

Wieder sie von ihren Lebewesen
Rein gefegt mit einem Flammenbesen. –

Sieh, der Anprall drängt sie zur Spirale,
Wieder geht's mit einer Welt zu Tale,

Wieder geht's mit lichterfüllter Kläre
Hin den Weg zur Sonnenatmosphäre.

Christian Wagner (Lit. 50)

Sonnenlicht als Vollmondpracht
blütenweiß herabgeprallt,
ruhlos strahlende Gewalt,
siehe, deine Erde wacht!

– wacht und singt aus ihrem Sohn
deiner ewigen Liebe Dank,
die ihr nachfolgt sonder Wank,
selbst noch, da sie dir entflohn.

Christian Morgenstern (Lit. 34)

Sonne

Morgensonne, nicht mit Erdenaugen
Kann ich deine Goldkraft in mich saugen:
Sie erblinden diesseits dieser Furt.
Doch getragen in die Vorgeburt
Schau ich: in den ungeheuren Weiten
Weilt noch, was ich war, in den Gezeiten,
Da mein Wesen wallte unbegrenzt,
Sonne als mein Weltenherz geglänzt:
Ungeboren leb' ich noch im Licht!
Aber Ungebor'ne sterben nicht.

Albert Steffen (Lit. 44)

Warum geben wir uns hin
Jedem eitlen Grauen?
Lasst uns doch mit höchstem Sinn
Dem Gestirn vertrauen,
Das zwar ewig nicht vernimmt
Unser Jubeln, Klagen,
Doch sein Licht so milde stimmt,
Dass wir es ertragen!

Hans Carossa (Lit. 16)

Wandlung

Tief tönt der Worte erstes Wort: Sonne.
Der Erde goldne Segel flattern. Heiligung reift süß die Frucht.
Und rings aus Schreinen offner Bäume schenkend,
Steigt hernieder der beglänzte Gott.
Und Himmel fallen in die Hände: Sonne, die im Kern erstand.
Das Licht, gesäftet in der roten Schale tropft nun,
Da es dämmernd schwand.

Denn unbeständig sind die Himmel. Ewig nur erhält der Geist.
Die Ernte aber ist Erscheinung, die geweiht, erfüllte
Innenheit an jedem Halm, an jeder Frucht beweist.
Zeichen, Hüllung, die das Geheimnis ruhend überdeckt:
Ewigkeit, die nur verwandelt, was geboren – aber todlos festigt
sie die Zeit.

Albert Talhoff (Lit. 49)

Die Sonne will sich sieben Male spiegeln,
in allen unsern sieben Leibesgliedern:
dass sie ihr siebenmal ihr Bild erwidern.
Die Sonne will uns siebenmal entsiegeln.

Christian Morgenstern (Lit. 34)

Wintersonnenwende

Die Sonne schaue
Um mitternächtige Stunde.
Mit Steinen baue
Im leblosen Grunde.

So finde im Niedergang
Und in des Todes Nacht
Der Schöpfung neuen Anfang,
Des Morgens junge Macht.

Die Höhen lass offenbaren
Der Götter ewiges Wort;
Die Tiefen sollen bewahren
Den friedevollen Hort.

Im Dunkel lebend
Erschaffe eine Sonne.
Im Stoffe webend
Erkenne Geistes Wonne.

Rudolf Steiner (Lit. 47)

Literatur- und Quellenangaben

1. Angelus Silesius: Sämtliche Poetische Werke. Berlin o.J.
2. Arens, Werner u. Hans-Martin Braun (Hrsg.): Der Gesang des Schwarzen Bären. Lieder und Gedichte der Indianer. München 1992.
3. Arnim, Bettina von: Die Günderode. Leipzig 1925
4. Die Bibel. Altes Testament und Apokryphen. Stuttgart 1985.
5. Black Elk (Schwarzer Hirsch): The Sacred Pipe. Oklahoma 1953.
6. Blattmann, Georg: Die Sonne, Gestirn und Gottheit. Stuttgart 1972.
7. Brentano, Franz, und Max Lehrs: Der Sonnengesang des Franz von Assisi. Stuttgart 1962.
8. Bruno, Giordano: Gesammelte Werke. Jena 1904–1909.
9. Budzinski-Wecker: Giordano-Bruno-Buch. Oldesloe 1927.
10. Burckhardt, Georg E.: Gilgamesch. Leipzig o.J.
11. Carmichael, Alexander (Hrsg.): Carmina Gadelica. Hymns & Incantations. Edinburgh 1992.
12. Carmichael, Alexander: The Sun dances. London 1960.
13. Carriere, Moriz: Die Anfänge der Kultur und das orientalische Altertum. Leipzig 1863.
14. Ceram, C. W.: Enge Schlucht und Schwarzer Berg. Hamburg 1955.
15. Dante Alighieri: Die Göttliche Komödie. Hölle, 24. Gesang.
16. Eigl, Kurt: Die klassischen Gedichte der Weltliteratur. Stuttgart o.J.
17. Einiger, Christoph: Die schönsten Gebete der Welt. München 1964.
18. Gedichte des Abendlandes. Frankfurt/M. 1961.
19. Goethe, Johann Wolfgang von: Werke. München 1981.
20. Golther, Wolfgang: Deutsche Dichtung im Mittelalter. Stuttgart 1922.
21. Gsänger, Hans: Delphi. Freiburg/Breisg. 1962.
22. Hölderlin, Friedrich: Werke.
23. Jahn, Janheinz (Hrsg.): Schwarzer Orpheus. München 1964.

24. JOHNSON, JAMES WELDON: Meine dunklen Hände. München 1953.
25. JORDAN, WILHELM (Übers. u. Hrsg.): Die Edda. Frankfurt/M. 1890.
26. JUNKER, HERMANN (Übers.): Lyrik des Ostens. München 1952.
27. KARUTZ, RICHARD: Des schwarzen Mannes Märchenweisheit. Schriften zur Völkerkunde IV. Stuttgart 1929.
28. KELBER, WILHELM: Logoslehre. Stuttgart 1976.
29. KLABUND: Dumpfe Trommeln und berauschender Gong, 1915; Neuausg.: Chines. Gedichte. Zürich 1954.
30. KOSCHÜTZKI, RUDOLF VON: Sonne auf Erden. Kuppenheim 1947.
31. LESSING, GOTTHOLD EPHRAIM: Dichtungen – Briefe. Wiesbaden o.J.
32. MARTIN, BERNHARD: Unter dem Sternenhimmel. Kassel 1949.
33. MORGENSTERN, CHRISTIAN: Klein Irmchen. Basel 1978.
34. MORGENSTERN, CHRISTIAN: Werke und Briefe. Bd. 1/2. Stuttgart 1988/1992.
35. NOVALIS (Friedrich v. Hardenberg): Werke. München 1968.
36. PLATEN, AUGUST VON: Werke, 1. Bd. Leipzig und Wien o.J.
37. RITTER-SCHAUMBURG, HEINZ: Liebe Erde. Stuttgart 1985.
38. RÜDIGER, HORST: Griechische Gedichte. München o.J.
39. SCHARFF, ALEXANDER: Ägyptische Sonnenlieder. Aus Pyramidentexten d. 3. Jahrtausends v. Chr. Berlin 1922.
40. SCHÖPFUNG AM KREUZ. Wuppertal 1985.
41. SEIDEL, UWE (Hrsg.): Du bist das Licht. Sonnengesänge. Wuppertal 1987.
42. SHAKESPEARE, WILLIAM: Werke. Troilus und Cressida, 1. Akt, 3. Szene.
43. SPUNDA, FRANZ: Ossians Werke. Leipzig 1924.
44. STEFFEN, ALBERT: Wegzehrung. Dornach 1964.
45. STEIN- VON BADITZ, NORA: Aus Michaels Wirken. Stuttgart 1929.
46. STEINER, RUDOLF: Okkulte Geschichte (GA 126). Dornach 1975.
47. STEINER, RUDOLF: Wahrspruchworte (GA 40). Dornach 1980.
48. SZÉKELY, EDUARD BORDEAUX (Hrsg. u. Übers.): Die verlorenen Schriftrollen der Essener. Frankfurt/M. 1978.

49. TALHOFF, ALBERT: Heilige Natur. Stuttgart 1935.
50. WAGNER, CHRISTIAN: Weihegeschenke. Kirchheim/Teck 1981.
51. WITTKOWSKY, HARTMUT (Hrsg. u. Übers.): Das Redentiner Osterspiel. Stuttgart 1975.

Wir danken allen Verlagen und Rechte-Inhabern für die freundlich erteilte Abdruckerlaubnis. Bei der Vielzahl der Texte ist es möglich, dass die Frage der Rechte-Inhaber nicht sofort geklärt werden kann. Sollte sich deshalb noch ein Honoraranspruch ergeben, so sind wir selbstverständlich bereit, diesen nachträglich zu den üblichen Sätzen zu vergüten.